Maurice Barrès

Deutsche Klassiker

Band 59

Der Mord an der Jungfrau

GRIN Verlag

Bibliografische Information der Deutschen Nationalbibliothek:

Die Deutsche Bibliothek verzeichnet diese Publikation in der Deutschen National-
bibliografie; detaillierte bibliografische Daten sind im Internet über http://dnb.d-
nb.de/ abrufbar.

Impressum:

Copyright © 2008 GRIN Verlag GmbH
Druck und Bindung: Books on Demand GmbH, Norderstedt Germany
ISBN: 978-3-640-23576-6

Dieses Buch bei GRIN:

http://www.grin.com/de/e-book/120165/der-mord-an-der-jungfrau

GRIN - Your knowledge has value

Der GRIN Verlag publiziert seit 1998 wissenschaftliche Arbeiten von Studenten, Hochschullehrern und anderen Akademikern als eBook und gedrucktes Buch. Die Verlagswebsite www.grin.com ist die ideale Plattform zur Veröffentlichung von Hausarbeiten, Abschlussarbeiten, wissenschaftlichen Aufsätzen, Dissertationen und Fachbüchern.

Besuchen Sie uns im Internet:

http://www.grin.com/

http://www.facebook.com/grincom

http://www.twitter.com/grin_com

Maurice Barrès

Der Mord an der Jungfrau

[erstmalig erschienen 1913]

Immerzu traurig, Amaryllis! sollten dich die jungen Herrn im Stich gelassen haben, deine Blüten welk, deine Wohlgerüche ausgehaucht sein? Ließ Atys, das göttliche Kind, von dir mit seinen eitlen Liebkosungen? Amaryllis, wünsch dir was, einen Gott oder ein Kleinod, wünsch dir alles, außer Liebe, die kann ich hinfort nicht mehr; - obendrein, was vermöchte nicht ein Lächeln von einer, die Aphrodite zärtlich liebt?«

So sprach Lucius gelinde mit Amaryllis, der sehr jungen Kurtisane mit den Goldaugen und dem goldenen Haar; und ihr Barkschiff gleitet dazu auf dem blauen Kanal hin, und die Seerosen rauschen.

Von den schlafenden Bäumen wacht unbewegt das Spiegelbild auf der Oberfläche des tiefen Wassers. Das Ufer wartet prunkend auf mit seinen wollüstigen Landhäusern, seinen Pomeranzenhainen und seiner großen Stille. Zwischen dem grünen Gezweig leuchtet zuweilen der gelb gewordene Marmor einer Gottfigur auf, und das unveränderliche Verhalten dieser manchen Götter scheint wie eine Geringschätzung der veränderlichen, schillernden Reden der leichtblütigen Orientalin und ihres skeptischen Freunds. Weit, weit und in der Wärme blaßrosenfarben verfließend ist es nur die Linie der Berge, der Hort der Einsiedlerischen und der wilden Tiere, die ein wenig diesen Himmelstraum verstört. Und nun ist man schon dem Gestade sehr nah, an dem die Stadt wollüstig hingelagert ist, von den Lippen der Wellen und der Winde geschmeichelt, die Stadt, die die Arme über das Meer ausstreckt und das ganze All herbeizurufen scheint, herbei ans Duft ausströmende und fieberhaft durchwühlte Bett, der Agonie einer Welt zu Hilfe und zu der Geburt neuer Jahrhunderte.

Mit einer müden, überdrüßigen Grazie ruht sich Amaryllis auf weißen Seidenpolstern aus. Der schwere Mantel aus Blattsilber - als ob er verwundend eindränge auf den nachgebenden Mädchenleib. Die runden blaugeäderten Arme liegen wie eine Krone um das Gesicht der Jungfrau, das die Jünglinge aufpeitscht. Und so geht das leise Lied ihrer Stimme:

»Lach immer, Lucius, lach zu. Wenn ein Sterblicher meine Langeweile zerstreuen kann, bist du's, von dem ich's hoffe. Du hast geliebt, Lucius, man erzählt, daß du geweint hast vor Betten, die dich verschmähten oder die zu kalt waren. Heut, überdrüssig, lachst du über die Frau. Begreif' doch, daß mich dies ewige Geseufze der Männer zur Verzweiflung bringt. Ich bin jung und schön und langweile mich, ja, Lucius. Die Zärtlichkeiten dieses Atys, die Mysterien der Isis und wie groß Serapis sei, befriedigen meine Sehnsüchte nicht; was will mir Aphrodite? Ich bin es, die die Liebe erregt; ich weiß um ihre Leiden, und daß sie einen tot machen, denn Liebesgirren wird zur Gewohnheit. Ich bin eine Syrierin, die Tochter einer Freigelassenen, die eine Seherin war; du bist ein Römer, fast ein Hellene, du weißt dich lustig zu machen, Lucius, aber trösten war ein Süßeres, Köstlicheres.«

Der Römer lehnte an einem Schaft des purpurnen und schwarzen Baldachins und spielte mit den Goldquasten seiner gelbseidenen Tunika. Die Eleganz seiner Bewegungen erzählte, daß er ein Lebemann war, gewöhnt, es zu sein, und müde, es zu sein. Er meidet gern die ernsten Worte, die bald geschmacklos klingen.

»Du, Amaryllis. Laß mich, bitte, ein wenig erstaunt sein, daß so ein kleines Herz soviel leiden mag, und was sich hinter so einer schmalen Stirn Merkwürdiges aufhält. Du hast junge reiche Liebhaber, hast Philosophen, ja, hast sogar Affen, die dich allzusamm' aufheitern können. Und da sehnst du Götter herbei und Dinge, die nicht einmal Namen haben!«

Die bläuliche Seide ihres Obergewandes ließ den jungen Weibleib, in Brokat starrend, durchscheinen. Die schlanken Finger spielten mit der gelblichen Kristallkapsel, darin ihre Mutter dereinst Beschwörungsgebete verschloß. Nichts war hörbar als das Wasser unter der Barke; und von Zeit zu Zeit schoß ein Fisch auf, daß sein Leib ein silberner Blitz war. Aber das zermarterte Herz des Kindes war traurig.

»In welches Theater, zu welcher Wundertäterin oder in was für einen Tempel geht unsere Amaryllis heute? Ich möchte sie doch gerne führen, wohin sie es treibt, ehe ich selber ins Serapeum gehe.«

»Du bist von der Athene eingeladen?« fragte die Junge und erhob sich, und ihre Stimme klang aufgeweckter. »Athene! Sie weiß die Dinge, so sagt man, und die Götter beschützen sie. Einmal, mitten unter Blumen und jungen verliebten Leuten war ich, da hab' ich sie gesehen, auf einem Turme vom Serapeum, sie war verzückt und ganz in Weiß. Meine Freunde jauchzten ihr zu, aber ich war gar nicht eifersüchtig, weil sie doch eine keusche Gottheit ist. Und dann kamen von jenen Menschen dazu, die ein Kreuz anbeten und alle Gewißheit besitzen, und pfiffen sie aus. Über ihr erblaßte der Mond, hoch über aller Roheit. Aber jene andern wurden in Licht von der aufgehenden Sonne getaucht, wie in Blut, in Siegerblut, und ich muß denken, das sei eine Vorbedeutung. Sag, wie macht die sich denn die Seelen dienstbar? Ist sie schöner als ich, sag'? Vielleicht könnte sie mich heilen.«

»Immerfort träumst du doch, Amaryllis. Deine Träume verderben dir die Freude am Leben. Lächle lieber, du meine liebe Lydierin, und zu deinem Munde werden die einen kommen und an deinem Kuß zerbrechen, die andern kommen und ihre letzten Täuschungen los werden. Raub' du die Stunde aus, die gegenwärtig ist, leb' an den Liebesbränden der Jüngsten und an den Freundschaftsfeuern derer, die wollustmüde geworden sind - und laß die Jungfrau vom Serapeum sich von Vergangenem nähren!«

Und er beugte sich und hielt die Hand der Amaryllis in seinen Händen. Aber Amaryllis fing an zu weinen:

»Bei unseren Lüsten, die dir noch gegenwärtig sind, bei deiner Liebe, die du zu meinen kleinen Grübchen empfandest, bei dem Haß, mit dem du die Christen hassest, die mich nicht mögen, bei meinem Weinen, das mich wieder häßlich machen wird, Lucius - Lucius, bring mich zu der Athene!«

4

Der junge Mann hielt sie mit seinen Armen auf und kniete vor ihr:

»Du bist dazu ausersehen,« sagte er, »daß du einen gesunden und schönen Leib trägst. Wer möchte den öffnen und die Gedanken in ihn einlassen, die doch alles entstellen!«

Indes, da sie nicht aufhörte zu jammern, und der froheste Tag durch Tränen einer Frau zu einem betrüblichen werden mag:

»Nun, gut, Amaryllis. Lächle und gib mir die Hand, daß wir zur Athene gehen und daß ich dich weise, wie eine junge Schülerin.«

Da hob das Kind den Kopf auf. Es erstrahlte das feine Gesicht, und ganz schnell richteten die Hände im Haar. Die Ruderstangen hielten an, und die Barke stieß leicht ans Ufer, wo eine Menge Volks promenierte.

»Ins Serapeum!« sagte sie groß.

In einer Sänfte und im Schatten der Säulengänge kamen sie langsam vorwärts, unter den Parfüms all der möglichen Stämme dieses durch allerlei seltsame Prostitutionen des Weibes und junger Männer gesteigerten Orients. An einer Straßenecke, plötzlich, stürzte ihnen dann ein Pöbel mit Heulen entgegen, lauter wilde Gestalten und von etwas sehr begeistert. Christen warens, die so daherstürzten und die Juden erschlagen wollten. Die Kurtisane erzittert; duckt ihr feines Gesicht an die Draperien; und unter dem rieselnden Goldhaar will es ein wenig lächeln und sucht die Augen des Lucius. Da schrie einer aus der Flut, die sich daherwälzte, einer, der alles mit seinem Wuchs überragte und der sie alle aufreizte, schrie:

»Das Weib der Gastmähler wird mit Weinen in den Tempel laufen! Der Gott ist gekommen, mit seinem Kuß von den Küssen des Menschen zu erlösen!«

Und dann verschwand das alles, ein paar gekrümmte Straßen hin, Metzeleien entgegen.

Mit der dreifachen Krone seiner zerfallenden Galerien und den hundert halbversunkenen Stufen seiner Treppe unterwarf sich das Serapeum sichtbarlich all den Glanz, all die Unzucht und all die Schwärmerei der Stadt. Auf seinen Mauern, die aus den Fugen gleiten wollten, nisteten wilde Kapernsträuche und blühten. Aber es war wie das Grab Hellas. Angefüllt mit den Bildern alten Ruhms und mit einer Bibliothek von mehr als siebenmalhunderttausend Bänden. Diese kostbaren Reliquien dankten ihr Leben dem frommen Eifer einer erhabenen Jungfrau, jener Athene .... gleich wie unser Heut- Empfinden, das sich verfolgt sieht, zum elfenbeinernen Turm flüchtet ....

Athene waltete über die Satzungen und über die Lehren wie über ein Erbe und war allwöchentlich der Mittelpunkt des Kreises der Hellenen. Und hielt in den Herzen, die aus der Zeit und aus der Heimat verbannt waren, wach, daß Denken eine Würde sei und Erinnerung eine Tat. Und sie wurde sogar geliebt von denen, die sie nicht begreifen konnten.

In dem großen Saal, der mit Mosaik ausgelegt war und strahlte, und der mit soviel Menschendenken und -geist prunkte, erschien Athene wie eine Herrscherin, von Römern, von Griechen und von vielen schweren Greisen umringt, ja auch von einigen Mondänen, die Gefallen fanden bei schönen Diskursen und anmutigen Sprüchen. Und Athenens Augen und Athenens Gesten hatten Harmonie und Frieden.

Lucius folgte ihr, wie Amaryllis, unruhvoll und reizvoll zugleich, eintrat.

»Schön bist du, Amaryllis. Und doch steht es dir an, daß du eine von den Unserigen seiest. Du sollst erfahren, was Griechenland war, was seine Portiken unter dem blauen Himmel und was seine immergrünen Olivenhaine waren, daß alles Götteratem lind bewegte, Heiterkeit die Leiber und die gesunden Seelen badete; und dein schnelles Blut wird leicht den Zusammenklang von Wunsch und Sein hören lernen. Plotinus, dem die Götter ihr Herz eröffneten, pflegte zu sagen: Wo die Liebe ging, da stellt sich der Verstand ein. Amaryllis, du, die in der Kypris Wohnung hatte, nimm deinen Platz unter uns wie eine Schwester, die es verdient, daß wir auf sie hören.«

»Du Athene«, sagte ein Jüngling, »du magst die Liebe willkommen heißen?«

Aber sie hielts nicht der Müh' für wert, auf solch flehentlichen Vorwurf zu hören, und bedeutete lieber, daß sie aufgehört habe zu sprechen.

Stand einer auf, ein Redner, und brachte gar betrübliche Nachricht vor, wie jene Christensekte mit ihrer aufdringlichen Lehre sich ausbreite, sprach von dem Schaden jener weichlichen Religion, und wie die ehrwürdigsten Traditionen dabei zu Fall kommen mußten. Und er beschwor das unheilkündende Bild jener Ebene herauf, darin ein Kaiser und ein Philosoph inmitten einer großen und bestürzten Menge den Tod erlitt. Julianus! deinen Ruhm sang er, du Fahler, Gemeuchelter, du Opfer der neuen Lehre! du warst aus diesem Alexandrien hervorgegangen und trugst das Kleid des Weisen unter dem Purpur des Triumphators und trugst ein letztes Lächeln, wenn alle Männer so wie Weiber klagten - und was auch zu den Stufen deines Thrones flehte und drohte, dir waren die hohen Worte und die stolzen Gedanken eigen, die nimmer knien und dienen ....

Und da schrie alles Beifall zu solcher Glorie jenes gekrönten Bruders. Und als der Alte, an der Größe des Gegenstandes seiner Rede wachsend, in altehrwürdigen und glorreichen Sätzen die grüßte, die angesichts der Barbaren den Tod leiden um den Frieden der Welt, und die noch Edleren, die für die Macht des Geistes und um die Denk- und Grabmale zu kämpfen wissen, da sprangen alle auf, die Frauen wie die Männer, die Jünglinge mit dem siedenden Blut und die mit des Alters Friere, sprangen alle auf und lobpriesen den Redner und den Namen Julianus, und waren ganz eines Mundes darin, daß jetzt der Tag der berühmten Rede des Perikles neu gekommen sei.

Aber der Redner war alt und wußte sich selber keine Grenze. So entstanden gesonderte Unterhaltungen.

»Laßt uns auf die Götter und auf die Poesie vertrauen«, sagte ein Poet. »Wir werden über das gemeine Volk siegen wie unsere Väter dereinst über alle Barbaren siegten. Ein paar ihrer Anführer zählen doch zu den Unserigen!«

»Vergessen wir nicht,« unterbrach ihn da ein Römer und einstiger Befehlshaber einer Legion, »daß diese Anführer nichts tun können. Wir lieben und verstehen zuviel Dinge, die Menge haßt uns wie sie das Serapeum haßt und alles das sie nicht begreift, und wenn wir uns nicht als Barbaren aufspielen, werden uns diese Barbaren zermalmen.«

Ein Gemurmel entstand, und Frauen verhüllten ihre Gesichter. Unterdessen sprach Amaryllis zu den Jünglingen, sehr singend und sehr leise:

»Wir sind Hellenen - aus Stolz. Aber wohin zielt unser Herz? .... Von Phrygien, von Phönizien kamen sie uns her: Adonis, den die Frauen mit Küssen aufwecken, Isis, die Herrscherin, und die ewig gütige Große Artemis von Ephesus. Und vom Orient her kommen nun die Amulette, und die Namen ihrer Götter, die viel älter sind, erfreuen überdem die wahre Gottheit.«

Ein anderer sagte Idyllen her; und eine süße Heiterkeit badete sein Antlitz.

Schatten glitten jetzt in den Saal. Durch die offenen Türen zu den Terrassen drang ein wenig Kühlung ein. Auf dem Mosaik rückten die Jünglinge ihre Fußschemel aus Ebenholz näher zu den Polstern der Frauen. Die dunklen Linien der Truhen verschwammen mit Seide und Brokat; die Fresken löschten halb aus und sahen noch gläubig versunkener in diesem Helldunkel; der Saal schien höher und die marmornen Götter noch göttlicher.

Die Jungfrau, die ragend stand, blickte auf diese kleine Welt, die einzige unter den gegenwärtigen, von der sie wußte und die sie begriff und in der sie lebte. Und wenn sie manchmal eitle Phrasen und Seichtheit aus dieser Umgebung zuließ oder wenn sie tief hineinsann in den Schoß des Seins, verriet ihre edle Erscheinung nichts von allem ....

In diesem Augenblick quoll ein Geschrei von da unten auf und drang taumelnd ein in die Versammlung und fuhr über sie her, daß sie sich unruhig aufrichtete. Schmutziges Volk tobte am Fuße des Serapeums. Die Verwegensten hatten die ersten Stufen zum Tempel erstiegen. Da waren sie in widerlichen Lumpen, den Kopf hintübergeworfen, die Kehle und die Brust gebläht von Verwünschungen. Und der Name der Athene stieg hundertfach auf aus dem Haufen wie eine Blase aus einem giftigen Morast.

Die Jungfrau mußte sich nicht halten, sie lehnte sich nur leicht gegen den abbröckelnden Marmor des Geländers. Und wie sie über die gleichförmige Ebene der Dächer hinsah, waren ihr die dunklen Einschnitte der ans Serapeum angrenzenden Straßen wie die Abläufe des Schmutzes der Stadt und dieses unsauberen Pöbels.

Ein Alter nahm respektvoll die Hand des jungen Weibes und sagte:

»Weder anhören noch fürchten sollst du sie.«

Sie aber führte ihn sacht beiseit.

Da fragte Amaryllis: »Ist es möglich, daß die Tempel derer da unten von Frauen voll sind? Welch unendlicher Reiz mag von dem schönen Jüngling ausströmen, dem sie dienen!« Und sie fühlte sich hingezogen zu jenem Unbekannten, und sie fühlte sich ungleich

9

mehr Schwester zu jenen verwegen und furchtbaren Männern als zu diesen stolzen Römern, diesen ewig Spöttischen und Überklugen.

Und da hörte sie halb die ironische Rede des Lucius:

»Schauen wir nicht auf sie! Sie übersehen ist noch ein Vergnügen. Aber sie verachten dürfen wir nicht. Verachten will rohes Angespanntsein und würde uns diesen unnatürlichen Fanatikern gleichmachen.«

In diesem Augenblick wankte unter der Wucht der Menge eine der Anubis' Säulen, die den Platz schmückten, und stürzte hin - und ein Triumphgeschrei flatterte hoch, höher als die Staubmassen.

Athene wandte sich langsam um. Eine Hoheit ging aus von ihr, die die Wut eines Pöbels für nichts achtete, und sie stimmte eine heroische Hymne der Väter an und ihr Gesang über dem Sieggeschrei des Pöbels war wie ein königlicher Schwan auf bewegten Wogen.

Und da sie innehielt, die Kehle gebläht; keichend fast und unter dem Kuß des Gestirns, das fernhin in Gold und Purpur sich neigte, sehr verwandelt, erbebten die Jünglinge vor Liebe zu ihrer Schönheit. Ein majestätisches Schweigen trat hinter ihren Worten ein. Sie stimmte die schlaffen Saiten der Seelen hoch. Lucius, der am irdischen Abbild irgendeines Unsterblichen lehnte genoß eine tiefe und köstliche Wehmut.

Die Sonne sank an diesem Tag in einem großen Mal von Purpur und Blut, wie ein Sieger und wie ein Märtyrer. Sie war ins Meer untergetaucht, das ganz blau herleuchtete, aber mit ihrem Widerschein setzte sie noch die Himmel in Brand - Und Athene sah auf die Gärten, die brach lagen, und auf die zerstörten Laboratorien, und Bitteres und Ahnung zog in ihr Herz. Die Hand hob sie auf und mit einer leisen und eilen Stimme, während fern die Glocken von Mithra und die der Christen ihre Gläubigen zusammenriefen, die heulende Menge sich verlief und in der Kühle hier nur noch der Abend sang, redete sie also:

»Ich schwöre, auf immer das schöne Wort und den hohen Gedanken zu lieben und lieber das Leben zu lassen als meine Freiheit.«

Und ganz beruhigt und göttlich fast:

»Schwört alle, ihr Brüder!«

»Auf wen, Athene, willst du, daß wir schwören?«

»Auf mich, denn ich bin Hellas.«

Und sie alle hoben die Hände.

Aber nun, da die Feier zu Ende war, beeilte ein jedes sich, die Tunika zu ordnen und den Mantel neu in Falten zu werfen, um zu den Gärten hinauszugehn.

Amaryllis verhielt sich abseits und weinte. Dahin waren ihre Kräfte durch diesen Tag, an dem sie diese hohe Reine erlebte.

An der Jungfrau aber verriet nichts die Sehnsucht nach Einsamkeit, die solch große Versammlungen bei ihr hinterließen. Sie sah lange über ihre Freunde hin, und als sie die Verstörtheit der lieblichen Lydierin gewahr ward, umarmte sie sie vor allen. Beifall rief man. Und die artistischen Söhne Griechenlands verglichen die göttliche Jungfrau in der Umklammerung der schmiegsamen Orientalin mit jenen Säulen auf Paros, um die sich die rauschschweren Weinranken schlinge ....

Und Lucius dachte bei sich: Wehe! Du hier, Athene, wolltest du uns nicht in die Sphäre reinsten Geistes erhöhen und uns alle die Illusionen rauben und verbieten, die unsere Tränen und die unsere Träume sind? Und sorgst du nicht, Athene, fürchtest du nicht, daß jener Einfältige uns noch viel mehr an sich reißt, Er, der die Werte unserer Weisen zutiefst zum Volk herabtrug und der, in seinem Tode wie in seinem Leben, die süßesten Qualen der höchsten Liebe auferstehen läßt ....

Die Wühlereien geschahen fort und fort. Die Feinde der Athene wurden immer verwegener, da sie ja unbestraft blieben; und der Pöbel nahm daraus dieses für sich, daß er die haßte, die Tag für Tag beschimpft wurde.

Den folgenden Versammlungstag brachte der Römer die Orientalin zur Jungfrau und spöttelte dazu:

»Ich stellte sie dir als eine Dienerin des Adonis vor .... heute muß man sie eine Christin schelten.«

Mit ihrer ganzen Weltfremdheit und Seelengröße antwortete Athene:

»Was tut das viel, Lucius? Nicht träg seinen Lebenstag verträumen, sondern nach dem Unbekannten verlangen, das ist der reine schmerzhafte Adel des Geistes. Du bist von ihm, Amaryllis, oder können wir dir, die du von einer freigelassenen Orientalin geboren wardst, das Mißgeschick zum Vorwurf machen, daß dir die heitere und endliche Form unbekannt blieb, die unsere Vorfahren, die Denker von Hellas, allem Verängstenden des Lebens zu verleihen wußten?«

Ein wenig Hochmut war in dieser Nachsicht; aber das blieb auch ihr ganzer Vorwurf dieser Christlichen gegenüber.

Übrigens hatten sich die Freunde, die es am öffentlichsten waren, angesichts der ernsten Gefahr bei Athene entschuldigen lassen. Nur noch ein Greis traf sich heut' mit Amaryllis und Lucius bei der Jungfrau. Ein Dichter war's - wie Dichter sind. Der beteuerte, das Volk, das wohl etwas in die Irre geführt sei, würde sich vorerst noch aller Ausschreitungen enthalten. So daß Lucius und Athene Amaryllis verhindern mußten, daß sie dem Alten die Augen öffnete.

Nun hielt Athene nicht länger mehr zurück:

»Ich rechnete auf euch, Freunde«, sagte sie zu den authorchenden dreien, »denn immer schien's mir, daß die Dichter und jene die der Lust fröhnen, die einen, weil sie über die Herzen der großen Heldinnen herrschen, die andern, weil ihnen die Herzen der Jünglinge und der schönen Frauen gehören, daß diese ihr eigenes Herz nicht an das eitle Nichtige des Tages hingeben und es so in schweren Stunden unversehrt in ihrer Brust anfinden. Und dann wissen sich die Poeten wie die Wollüstigen würdiger als alle andern im Anblick des Todes zu betragen: die einen, weil sie nie von ihm reden, und die andern, die Dichterseelen, weil sie ihn in reichen Bildern besingen, mit aller Gewalt der Sprache, die für die heiligen Dinge aufgespart ist.

»Der Tod ist die höchste Seligkeit. Jenes Unbekannte, das unserer Forschungen allein würdig ist. Das Land der Träume und der Traurigkeiten. Das einzig und wahrhaftige Glück. Die paar Perlen Angstschweiß und die wenigen Sekunden, in denen unsere Züge sich entstellen, die beiden Dinge, die ihm vorangehen, wollen es, daß man einen Schleier über ihn ausbreite, aber alsbald sind wir unverbrüchlich im Ewigen und alles Weh des Fleisches ist von uns abgetan; und ohne Bangen und ohne Wunsch versinken wir tief in Eins und alles ....«

In Rhythmen ging ihre Rede und zu weilen schwoll sie an wie ein Lied an die Götter. Umbrandet vom Gebrüll des Pöbels ragte die Jungfrau, ein Ewiges, schön und jung, und breitete die Apotheose des Todes aus wie ein kostbares Leichentuch.

Und da sie fand, daß der Greis mit tränennassen Augen in den leeren Saal sah und zu so hohen Worten die Verlassenheit und Öde nur um so bitterer verspürte, unterbrach sie sich:

13

»Poet du! sieh dich vor und misch keine schlimmen Gedanken in dein Bedauern darüber, daß so viele abwesend sind. Es war nicht, sag' ich dir, daß es ihnen an Mut gefehlt hätte, als sie sich weigerten, dem Pöbel zu trotzen ....«

Zu diesen Worten entstand da unten ein Getöse, wie ein Ansturm, und Schreckensschreie gellten: fern ballte sich eine Wolke Staubes, vom Heranmarsch einer Menschenherde: Die aus der Wüste nahen! .... So war endlich das Wildeste an Menschen gegen eine Frau entfesselt.

Lucius und die andern wollten Athene verbergen.

Aber Athene sprach: »Diese da haben nur mich« und wies auf die Bibliotheken und die Gedenkbilder der Väter. »Und ich verlasse diese Ausgestoßenen nicht!« Amaryllis fiel auf die Knie und küßte der jungfräulichen Heldin die Hände.

»Nie, nie verlasse ich sie!« wiederholte Athene.

Und das Opfer machte sie groß zu dieser Stunde und umgab sie mit einer Schönheit, wie sie noch keines Lebenden Auge geschaut.

Und sie sprach: »Verlaßt mich, Brüder. Euch ist der Ausgang zu den Gärten noch offen.«

Und da sie erriet, daß jene sich weigern würden, willigten die Lippen, die jetzt der Tod versiegeln sollte, in eine Lüge:

»Nur die christlichen Anführer können diese Fanatiker aufhalten. Die wissen uns schuldlos und gut .... eilt und benachrichtigt sie zuvor noch .... Wenn aber dennoch kommen sollte, was ihr kommen seht, bewahr du dich Lucius vor aller Bitterkeit. Bring meinen Brüdern mein letztes von mir; und daß sie stets der Väter eingedenk sein sollen. Und du, Amaryllis, die du so schön bist, tröste die Jünglinge. Wenn es sich fände, daß einer aus ihnen nach mir geschmachtet hätte und meine Kälte hätte ihn betrübt, so bitt' ich ihn, daß er mir's vergebe .... und sag' ihm, die Liebe sei nichts verächtliches im Hause Jupiter, doch mir hätt' geschienen, daß es einer Letzten aus einem Geschlechte gut sei, Jungfrau zu bleiben und dem Ewigen nachzuhangen; meine Brust war nicht breit wie die Brust der Heldinnen, aber mein Herz zitterte für ganz Hellas ....«

Amaryllis, die seit lange schon weinte, brach in Schluchzen aus und zerriß ihre Kleider und schrie.

Und da fiel auch den Greis und Lucius das Weinen an.

Athene sprach noch einmal sanft:

»Ich bitt' euch, lieben Freunde.«

Und Amaryllis erbebte am ganzen Leib.

Dann war eine erdrückende Stille draußen. Du fühltest: eine ganze Stadt wartete auf etwas und ein ungeheueres Verbrechen lauerte im Hinterhalt.

Und die Jungfrau sprach zum Greis, der jetzt nur noch bei ihr war:

»Vater, laß mich.«

Aber der schluchzte:

»Ich hab' dich gekannt, als du klein warst .... Ich bin sehr alt, und du allein unter den Lebenden hast mich lieb ....«

Plötzlich schwiegen sie.

Was marschierte da unten auf, so dröhnend auf den Fließen?

»Die Legionen!« rief der Alte.

Eine ungeheure Freude packte die beiden und zugleich bekümmerte sie etwas wie der Verlust einer Märtyrerkrone .... Die Barbaren, die im Sold des Kaiserreichs, warens, die mit den ehernen Helmen, die mit den klingenden Schwertern bei jedem Schritt .... Aber wie denn! Wie stellen sie sich auf? Schmach! Die Stadt, nur die Stadt beschützen sie! Und Serapis, den opfern sie den Fanatischen, die da anstürmen, den Grausamen unter ihren Tierfellen und mit ihren Piken!

Athene wiederholte:

»Laß mich Vater! Wie soll ich Weib vor einem Manne sterben!«

Der aber weinte nicht länger und rief gereckten Haupts:

»Linus wurde von wütigen Hunden zerrissen, aber Orpheus sang und bezauberte die wilden Tiere. Den geringsten ihrer frommen Schüler verlangt nach einem Gleichen!« Da hielt ihn das junge Mädchen nicht mehr zurück. So sollen denn Verse singen vor dem Tode der Enkelin Platos und Homers!

Von der Terrasse aus sah sie, wie der milde Greis dem Pöbel entgegenschritt. Jetzt tat der Alte den Mund auf - und jetzt spaltete ein Stein die Stirn, dahinter der Genius thronte und sang. Und die Unbefleckte wandte den Blick ab von alldem und dem Volk, das in Tierheit watete, und tat die Augen hinauf zum Himmel, zu Gott Helios, der das unendliche Blau umschließt, darin nach dem Gang der Sternbilder die Seelen der Edelsten wandeln ....

Und schwere Balken rennen gegen das würmige Holz der Türen an und Stimmen heulen Mord und Mord.

So wie eine Priesterin feierlich-heiter an einem hohen Fest nach alten Riten die heiligen Vorschriften erfüllt, so wandte sich Athene gegen die Ferne und das heilige Land Hellas.

»Lebwohl du meine Mutter und du meine Mutter unserer Väter! Fromme zerstörte Feste Athen, eh du willst, daß ich dies Leben hingebe, grüße ich dich mit meinem letzten Hauch!

»Du Süße meiner Jugend, du warst mir ruhmvoller Hort gegen das Gemeine, das Mittelmaß und alles Leid und du nur lehrtest midi die Seligkeit des Lächelns!

»All dein Hohes sprachst du zu mir, all deinen Frieden sangst du mir, ... und nun du willst, daß ich dies Leben ausliefere, lehr' mich, Mutter, das alte Geheimnis, lehr' mich den simplen Tod.«

Und zu den Statuen Homers und Platos:

»Einstmals, da ich bei euch geträumt, erfuhr im in meinem Herzen dies: schöner als eine schöne Tat, schöner noch sei ein schöner Gedanke. Und soll nun dennoch sterben. Schön ist der Leib, aber es tut besser, daß er leide denn der Geist. Hätt' ich von euch gelassen, wie hätte das ewig meine Seele betrübt! Und mein Tod jetzt kann euere Heiterkeit nicht verdunkeln, denn nur den Vorhof eueres Tempels soll mein verschüttetes Blut färben ....«

Und sie neigte sich nach den inneren Höfen, darin Tauben von Korn zu Korn sprangen; sah auf die Pflanzen, auf die Tiere und auf das Leben, das ihr nie etwas war, und diese letzte Sekunde schien ihr ein Köstliches.

Und sie tat einen Schleier über ihr Antlitz und erschien vor den Augen des Volks auf der hohen Treppe.

Die Menge flutete vor ihr zurück, denn ihr Schreiten war einer Göttin Schreiten, und keiner sah ihre Lippen von Blut leer. Und aber ihre Kräfte verließen sie vor ihrem Mut, und ohnmächtig stürzte sie auf die Steine.

Und wie die Kinnladen eines reißenden Tiers schloß sich der Pöbel neu .... die Gliedmaßen der Jungfrau zermalmt - und unter ihren Helmen und unter ihren Adlern grinsten die Barbaren zu dem Blutraub und Mord und besudelten die Majestät des Kaiserreich und das Bahrtuch der Antike.

Auf den Abend, während Alexandrien, die Verräterin der alten Jahrhunderte, sich in Fieberschrecken wälzte und schrie, wie mit dem Tode Ringende schrein oder Gebärende, lasen Amaryllis und Lucius die heiligen Gebeine der Jungfrau des Serapis auf.

So ließ unter den Fäusten Fanatischer und angesichts der Barbaren die letzte der Hellenen ihr Leben für ihren Glauben; und nur eine Dirne und ein Wüstling waren es, die ihre letzten Minuten ehrten .... Doch was verschlägt das dir, du unvergänglich Reine! weit über jenen blinden Pöbel siegte und viele kommende peinliche Jahrhunderte überdauerte dein heiliges Sterben, und die Enkelkinder jener, die zu deinem Märtyrertum grinsten, knien vor dir - schamrot über ihre Väter - und beten zu dir um Vergebung .... und das Dunkle und Wirre, das jene von einst gegen deine Heiterkeit aufreizte, drängt die Edelsten von heut', zum elfenbeinernen Turm zu flüchten und dein Leben und deine Lehre anzuschaun.